I0122453

CALENDRIER MAÇ∴

A L'USAGE

DE LA LOGE ARÉOPAGISTE D'ISIS,

O∴ DE PARIS,

POUR L'AN DE LA RECHERCHE 5821 ET PLUS,

CONTENANT :

L'Indication des jours de Tenue ;

Divers extraits d'Arrêtés de l'At∴, relatifs, soit aux prix de Cotisation, Affiliat∴ ou Initiat∴, soit à la remise des Jetons pour droit de présence, etc. ;

Le Tableau des Officiers en exercice ;

Et le Catalogue alphabétique de tous les Memb∴ de la L∴, du Chap∴ ou du Conseil, avec leurs Professions, Grades et Domiciles.

O∴ DE PARIS,

IMPRIMERIE DU F∴ ANT∴ BAILLEUL,

RUE THIBAUTODÉ, N°. 8.

5821.

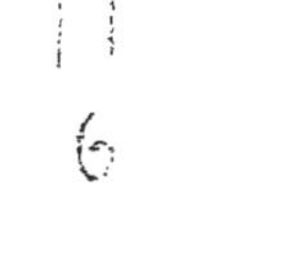

CALENDRIER A L'USAGE DE L'AT.·. D'ISIS.

MARS. *Thisri* ou *Ethanion.*			**AVRIL.** *Marschesvan* ou *Bul.*		
1	Jeudi.		1	DIMANCHE.	
2	Vendredi.....	*L.·. et*	2	Lundi.	
3	Samedi.	*Chamb.·.*	3	Mardi.	
4	DIMANCHE.	*d'Union.*	4	Mercredi.	
5	Lundi.		5	Jeudi.	
6	Mardi.		6	Vendredi........	*L.·.*
7	Mercredi.		7	Samedi.	
8	Jeudi.		8	DIMANCHE.	
9	Vendredi.		9	Lundi.	
10	Samedi.		10	Mardi.	
11	DIMANCHE.		11	Mercredi.	
12	Lundi.		12	Jeudi.	
13	Mardi.		13	Vendredi.	
14	Mercredi.		14	Samedi.	
15	Jeudi.		15	DIMANCHE.	
16	Vendredi...	*Chap.·. ou*	16	Lundi.	
17	Samedi.	*Cons.·.*	17	Mardi.	
18	DIMANCHE.		18	Mercredi.	
19	Lundi.		19	Jeudi.	
20	Mardi.		20	Vendredi..	*Chap.·. ou*
21	Mercredi.		21	Samedi.	*Cons.·.*
22	Jeudi.		22	DIMANCHE.	
23	Vendredi.		23	Lundi.	
24	Samedi.		24	Mardi.	
25	DIMANCHE.		25	Mercredi.	
26	Lundi.		26	Jeudi.	
27	Mardi.		27	Vendredi.	
28	Mercredi.		28	Samedi.	
29	Jeudi.		29	DIMANCHE.	
30	Vendredi.		30	Lundi.	
31	Samedi.				

MAI.		JUIN.	
Kislev.		*Thebeth.*	
1	Mardi.	1	Vendredi........ *L.·.*
2	Mercredi.	2	Samedi.
3	Jeudi.	3	DIMANCHE.
4	Vendredi........ *L.·.*	4	Lundi.
5	Samedi.	5	Mardi.
6	DIMANCHE.	6	Mercredi.
7	Lundi.	7	Jeudi.
8	Mardi.	8	Vendredi.
9	Mercredi.	9	Samedi.
10	Jeudi.	10	DIMANCHE.
11	Vendredi.	11	Lundi.
12	Samedi.	12	Mardi.
13	DIMANCHE.	13	Mercredi.
14	Lundi.	14	Jeudi.
15	Mardi.	15	Vendredi... *Chap.·. ou*
16	Mercredi.	16	Samedi. *Cons.·.*
17	Jeudi.	17	DIMANCHE.
18	Vendredi... *Chap.·. ou*	18	Lundi.
19	Samedi. *Cons.·.*	19	Mardi.
20	DIMANCHE.	20	Mercredi.
21	Lundi.	21	Jeudi.
22	Mardi.	22	Vendredi.
23	Mercredi.	23	Samedi.
24	Jeudi.	24	DIMANCHE.
25	Vendredi.	25	Lundi.
26	Samedi.	26	Mardi.
27	DIMANCHE.	27	Mercredi.
28	Lundi.	28	Jeudi.
29	Mardi.	29	Vendredi.
30	Mercredi.	30	Samedi.
31	Jeudi.		

JUILLET.

Schevet ou *Sabat.*

1 DIMANCHE.
2 Lundi.
3 Mardi.
4 Mercredi.
5 Jeudi.
6 Vendredi.. *L.·. Fête de*
7 Samedi. *l'Ordre.*
8 DIMANCHE.
9 Lundi.
10 Mardi.
11 Mercredi.
12 Jeudi.
13 Vendredi.
14 Samedi.
15 DIMANCHE.
16 Lundi.
17 Mardi.
18 Mercredi.
19 Jeudi.
20 Vendredi... *Chap.·. ou*
21 Samedi. *Cons.·.*
22 DIMANCHE.
23 Lundi.
24 Mardi.
25 Mercredi.
26 Jeudi.
27 Vendredi.
28 Samedi.
29 DIMANCHE.
30 Lundi.
31 Mardi.

AOUT.

Adar.

1 Mercredi.
2 Jeudi.
3 Vendredi.......... *L.·.*
4 Samedi.
5 DIMANCHE.
6 Lundi.
7 Mardi.
8 Mercredi.
9 Jeudi.
10 Vendredi.
11 Samedi.
12 DIMANCHE.
13 Lundi.
14 Mardi.
15 Mercredi.
16 Jeudi.
17 Vendredi.... *Chap.·. ou*
18 Samedi. *Cons.·.*
19 DIMANCHE.
20 Lundi.
21 Mardi.
22 Mercredi.
23 Jeudi.
24 Vendredi.
25 Samedi.
26 DIMANCHE.
27 Lundi.
28 Mardi.
29 Mercredi.
30 Jeudi.
31 Vendredi.

SEPTEMBRE.		OCTOBRE.	
Nisan ou *Abib.*		*Har* ou *Zio.*	
1	Samedi.	1	Lundi.
2	DIMANCHE.	2	Mardi.
3	Lundi.	3	Mercredi.
4	Mardi.	4	Jeudi.
5	Mercredi.	5	Vendredi. . . . . *L.·.*
6	Jeudi.	6	Samedi.
7	Vendredi. . . . . *L.·.*	7	DIMANCHE.
8	Samedi.	8	Lundi.
9	DIMANCHE.	9	Mardi.
10	Lundi.	10	Mercredi.
11	Mardi.	11	Jeudi.
12	Mercredi.	12	Vendredi.
13	Jeudi.	13	Samedi.
14	Vendredi.	14	DIMANCHE.
15	Samedi.	15	Lundi.
16	DIMANCHE.	16	Mardi.
17	Lundi.	17	Mercredi.
18	Mardi.	18	Jeudi.
19	Mercredi.	19	Vendredi. . . *Chap.·. ou*
20	Jeudi.	20	Samedi. *Cons.·.*
21	Vendredi. *Chap.·. ou*	21	DIMANCHE.
22	Samedi. *Cons.·.*	22	Lundi.
23	DIMANCHE.	23	Mardi.
24	Lundi.	24	Mercredi.
25	Mardi.	25	Jeudi.
26	Mercredi.	26	Vendredi.
27	Jeudi.	27	Samedi.
28	Vendredi.	28	DIMANCHE.
29	Samedi.	29	Lundi.
30	DIMANCHE.	30	Mardi.
		31	Mercredi.

NOVEMBRE.		DÉCEMBRE.	
Sivan ou Siban.		*Thamuz.*	
1	Jeudi.	1	Samedi.
2	Vendredi. . . . . *L.*	2	DIMANCHE.
3	Samedi.	3	Lundi.
4	DIMANCHE.	4	Mardi.
5	Lundi.	5	Mercredi.
6	Mardi.	6	Jeudi.
7	Mercredi.	7	Vendredi. . . . . *L.*
8	Jeudi.	8	Samedi.
9	Vendredi.	9	DIMANCHE.
10	Samedi.	10	Lundi.
11	DIMANCHE.	11	Mardi.
12	Lundi.	12	Mercredi.
13	Mardi.	13	Jeudi.
14	Mercredi.	14	Vendredi.
15	Jeudi.	15	Samedi.
16	Vendredi. . . *Chap.* ou	16	DIMANCHE.
17	Samedi. *Cons.*	17	Lundi.
18	DIMANCHE.	18	Mardi.
19	Lundi.	19	Mercredi.
20	Mardi.	20	Jeudi.
21	Mercredi.	21	Vendredi. . . . *Chap.* ou
22	Jeudi.	22	Samedi. *Cons.*
23	Vendredi.	23	DIMANCHE.
24	Samedi.	24	Lundi.
25	DIMANCHE.	25	Mardi.
26	Lundi.	26	Mercredi.
27	Mardi.	27	Jeudi.
28	Mercredi.	28	Vendredi.
29	Jeudi.	29	Samedi.
30	Vendredi.	30	DIMANCHE.
		31	Lundi.

JANVIER.			FÉVRIER.		
Ab.			*Élul.*		
1	Mardi.		1	Vendredi...	*L.·., nom.·.*
2	Mercredi.		2	Samedi.	*des Off.·.*
3	Jeudi.		3	DIMANCHE.	
4	Vendredi....	*L.·. fête de*	4	Lundi.	
5	Samedi.	*l'Ordre.*	5	Mardi.	
6	DIMANCHE.		6	Mercredi.	
7	Lundi.		7	Jeudi.	
8	Mardi.		8	Vendredi.	
9	Mercredi.		9	Samedi.	
10	Jeudi.		10	DIMANCHE.	
11	Vendredi.		11	Lundi.	
12	Samedi.		12	Mardi.	
13	DIMANCHE.		13	Mercredi.	
14	Lundi.		14	Jeudi.	
15	Mardi.		15	Vendredi....	*Chap.·. et*
16	Mercredi.		16	Samedi.	*Cons.·.;*
17	Jeudi.		17	DIMANCHE.	*Nom.·.*
18	Vendredi....	*Chap.·. ou*	18	Lundi.	*des Off.·.*
19	Samedi.	*Cons.·.*	19	Mardi.	
20	DIMANCHE.		20	Mercredi.	
21	Lundi.		21	Jeudi.	
22	Mardi.		22	Vendredi.	
23	Mercredi.		23	Samedi.	
24	Jeudi.		24	DIMANCHE.	
25	Vendredi.		25	Lundi.	
26	Samedi.		26	Mardi.	
27	DIMANCHE.		27	Mercredi.	
28	Lundi.		28	Jeudi.	
29	Mardi.				
30	Mercredi.				
31	Jeudi.				

NOTICE

SUR LES PRINCIPES ORGANIQUES OU RÉGLEMENTAIRES DE L'AT.·. D'ISIS.

Des Jaurs de tenues.

La L.·. Symb.·. a douze tenues annuelles, fixées au premier vendredi de chaque mois.

Le troisième vendredi est réservé au Chap.·. ou au Conseil, qui alternent entr'eux ou se succèdent le même jour.

Cet ordre n'est pas invariable : la nature, la disette ou l'abondance des trav.·. en décident.

Des Elections.

Les élections aux offices dignitaires sont annuelles; elles ont lieu, pour la L.·., le premier vendredi du 12e.·. mois maçon.·., et pour le Chap.·. ou le Cons.·., le vendredi suivant.

Des Droits de présence.

La présence, à une des tenues d'obligation, est reconnue par la remise d'un jeton d'étain. Cinq de ces jetons équivalent à une méd.·. d'argent, laquelle est reçue dans les comptes pour 2 fr. 50 c.

De l'Ouverture des trav.·., et de la remise du Jeton de présence.

L'heure de convocation est celle de l'ouverture du Temple. Pendant l'heure qui suit, les FF.·. signeront le livre de présence, et les trav.·. sont ouverts.

La clôture de la liste des présens est irrévocablement arrêtée dans la demi-heure suivante.

La remise du jeton de présence est suspendue pour tout F.·. débiteur de plus d'un trimestre, ou qui n'aurait point acquitté le prix des gra.·. ou affiliations.

Elle n'a point lieu pour tout F.·. introduit après la clôture de la liste des présens.

Il n'est point délivré de jetons de présence aux deux fêtes d'ordre, non plus que dans les séances extraordinaires, à moins, pour ces dernières, que les frais de tenue, etc., ne soient plus que couverts par le produit des initiations.

Du Mode des payemens.

Toute espèce de rétribution ou de contribution est payée par avance. La quotité annuelle l'est en quatre termes égaux, au commencement de chaque trimestre maç.·.

Du Mode des secours.

Les secours accordés par l'At.·. d'Isis sont

ou pécuniaires ou en nature. Les premiers ne sont délivrés qu'aux seuls voyageurs; les autres, consistant en bons de pain, viande, vêtemens, médicamens, etc., sont distribués, pour un temps déterminé, par la L.·. ou le Chap.·., sur le rapport du Comité de bienfaisance.

Des Contributions individuelles.

Jusqu'à ce qu'il en soit autrement ordonné, il est perçu, savoir :

Pour Initiation.

Aux 3 premiers grades symbol.·. . . . 65 »

Du 3e. gra.·. symb.·. au 4e. ordre du rite français, ou 18e. degré du rite écossais inclusivement. . . . . 65 »

Du 18e. degré du rite écossais au 30e. inclusivement. . . . . 65 »

Le tout, non compris 5 fr. de cotisation pour le 1er. trimestre, 7 fr. 50 c. de rétribution au F.·. Serv.·., pour chacune des 3 séries, non plus que les frais de diplôme, bref ou patente.

Pour Régularisation.

Moitié respectivement des prix fixés pour les gra.·. acquis irrégulièrement, ci. . 1/2 »

Pour Affiliation.

Dans les trois chambres de l'At.·. d'Isis. 15 »

Dans son Conseil seulement. . . . 10 »

Pour Diplômes, Brefs, etc.

Un diplôme ou un bref de l'At.·. d'Isis. 7 50

Une patente de 30°. degré du même Atel.·. . . . . 9 »

Un diplôme ou bref du G.·.-O.·. . 10 50

Et pour patente émanée de lui. . 15 »

De la Quotité annuelle, etc.

La quotité annuelle pour chacun des membres actifs de l'At.·. d'Isis, payable par avance en 4 fois, au commencement de chaque trimestre, est de. . . . . 20 »

Et pour ceux du Conseil seulement, de 10 »

L'hommage à la bienfaisance pour un membre élu fondateur ou conservateur, est fixé à. . . . . 27 »

Du Port des lettres.

Chaque F.·. paye en outre au F.·. Trés.·. 60 centimes par trimestre, pour le port des planches qui lui sont adressées; et c'est le Trés.·. qui paye au F.·. Serv.·. la rétribution fixée par la L.·. Aréop.·. pour ce genre de service.

TABLEAU

DES OFF.·. DIGNIT.·. DE L'AT.·. D'ISIS.

Dans la Loge.

DE BRANVILLE aîné, Vén.·.
POMMIER, Off.·. du G.·.-O.·., 1er. Surv.·.
THIERRY-CHARIER, 2e. Surv.·.
AZE, Or.·.
HUBOUT, Secrét.·.
DELANNOY, Trés.·.-Gén.·.
BOLTEN, 1er, Exp.·.
DE BURAS, Me.·. des Cérém.·.
ROVIRA, Hosp.·.
RULAND, Archiv.·. Garde des Sceaux.
COUPAN, Archit.·.-Contrôl.·.
CHIQUANT, Me.·. des Banq.·.
RAVEAU aîné, Député au G.·.-O.·.
PUJOL, 2e.·. Exp.·.
TRIANON, 3e.·. Exp.·.
BLAY, 4e.·. Exp.·.
PERAT, 5e.·. Exp.·.
RAVEAU jeune, 1er. Diacre.
ROGER, 2e. Diacre.
THIERRY-CHARIER, Dép.·. de la L.·. au Chap.·.
DE BURAS, Dép.·. au Cons.·.
BOCCAGE, Dép.·. à la Ch.·. d'Union.

Adjoints.

A l'Or.·., BOCCAGE et DELAHAYE.
Au Secrét.·., MONNIER.
Au Me.·. des Cér.·., BERTHIER et NOLEN.
Au Me.·. des Banq.·., CAILLOT.

Dans le Chap.·.

RAVEAU aîné, T.·. S.·.
DE BEAUREPAIRE, 1er. Surv.·.
COUPAN, 2e. Surv.·.
THIERRY-CHARIER, Or.·.
HUBOUT, Secrét.·.
DELANNOY, Trés.·.
DE BRANVILLE jeune, 1er. Exp.·.
BERTHIER, Me.·. des Cérém.·.
ROVIRA, Hosp.·.
DELETTRE, Gard.·. des Sceaux.
ETIÉVANT, Archit.·.-Contrôl.·.
CHIQUANT, Me.·. de la Cène.
AZE, Député au G.·.-O.·.
PELLETIER, Entrep.·., 2e. Exp.·.
BOURNHONET, 3e. Exp.·.
MONTIGAUD, 4e. Exp.·.
MAGNIANT, Député du Chap.·. à la L.·.
MOULIGNI, Député du Chap.·. au Cons.·.
HUBOUT, Député du Chap.·. à la Chamb.·. d'Union.

Adjoints.

A l'Or.·., FRAULT.
Au Secret.·., PUJOL.
Au Me. des Cérém.·., PÉRAT.

Suite du Tableau des Off.·. Dignit.·.

Dans le Cons.·. des Chev.·. Gr.·. El.·. K.·. D.·. S.·.

RAVEAU aîné, Gr.·. M.·.
DE BEAUREPAIRE, 1er. T.·. Gr.·. Chev.·.
DE BRANVILLE jeune, 2e. T.·. Gr.·. Chev.·.
AZE, Chev.·. D'Éloq.·.
DE BURAS, Chancel.·.
DELANNOY, Gr.·. Trés.·.
ROVIRA, Gr.·. Eléémos.·.
HUBOUT, 1er. Gr.·. Exp.·.
PELLETIER (Couvreur), 2e. Rap.·.
POMMIER, Off.·. du Gr.·.-Or.·., Gr.·. Introd.·., M[e]. des Cérém.·.
MONTIGAUD, Gr.·. Cap.·. des Gardes.
LASNE, Gr.·. Garde des Sc.·.
PERAT, 1er. Gr.·. Chev.·. Serv.·. d'armes.
PUJOL, 2e. Gr.·. Chev.·. Serv.·. d'armes.
CHIQUANT, M[e].·. des Agapes.
DE BRANVILLE jeune, Député au G.·.-O.·.
RAMBURE, Député à la L.·.
HESSE, Député au Chap.·.
POMMIER, Off.·. du G.·.-O.·., Député à la Ch.·. d'Union.

Adjoints.

Au Chev.·. d'Éloq.·., TARD.
Au Chancel.·., DE BURAS.
Au Gr.·. M[e].·. des Cérém.·., BERTHIER.

Dans la Chambre d'Union.

LANDRY, Président; DE BRANVILLE jeune, Vice-Président; HUBOUT, Secrétaire.

Membres de la Commission administrative.

Pour la Loge, MONTIGAUD, BERTHIER, RIMBAULT.
Pour le Chap.·., DE BURAS, POMMIER, BOURNHONET.
Pour le Cons.·., DE BEAUREPAIRE.

Membres du Comité de bienfaisance.

Président, ROVIRA.
Pour la L.·., MAGNIANT, ÉTIÉVANT.
Pour le Chap.·., PELLETIER, Couv.·.; GEHERT.

Directeur de l'Harmonie.

ATTRAPART.

LISTE

PAR ORDRE ALPHABÉTIQUE

DES MEMBRES

DE LA L.·., DU CHAP.·. ET DU CONSEIL

D'ISIS,

AVEC LEURS GR.·. MAÇ.·., PROFESSIONS ET DOMICILES.

Nota. La lettre F à la suite d'un nom indique que ce nom est celui d'un Fondateur, synonyme de Conservateur.

MEMBRES ACTIFS COTISANS

DE LA L.·. ARÉOPAGISTE.

Par abréviation, l'indication N°. est supprimée aux demeures.

Tout nom précédé de l'astérisque *, indique celui d'un enfant de la L.·. ou du Chap.·.

A.

* ALAIS, Recev.·. d'imposit.·., R.·. ✻, à Belleville.

* ARSON, Négociant, M.·., rue Tiquetonne, 22.

* Aubrun, Maître Charpentier, M.·., rue Montaigne, 4.

* Autignan, R.·. ✻, rue du Mont-Blanc, 7.

Aze, F.·., Capitaine en non-activité, légionnaire, K.·. D.·., quai de la Mégisserie, 60.

B.

* Beck, Marchand de Draps, R.·. ✻, rue Neuve-des-Bons-Enfans, 5.

* Berthier, Maître Teinturier, K.·. D.·., rue Faydeau, 26.

* Blay, Marchand Tailleur, R.·. ✻, Marché Saint-Honoré, 6.

* Boccage, Avocat et Agréé au tribunal de Commerce, M.·., rue de la Tixéranderie, 23.

* Bocquet, Marchand d'acier, M.·., Palais-Royal, 30.

* Boissière, Négociant, M.·., rue Montmartre, 39.

* Bolten, Propriétaire, M.·., rue Neuve-Saint-Augustin, 38.

* BON, Toiseur, R.·. ✻, Passage Sainte-Croix-de-la-Bretonnerie, 13.

* BOURNHONET, Marchand de Draps, K.·. D.·., rue Saint-Honoré, 67.

* BOUTIN, Marchand de bois, A.·., rue du Grand-Banquier, 15.

* BYTRY, Maître Menuisier, R.·. ✻, rue d'Astorg, 9.

C.

*CAILLOT, Marchand Charcutier, M.·., rue Neuve-des-Petits-Champs, 2.

CATONET, Rentier, R.·. ✻, à Belleville.

* CHARRIER, Maître Menuisier, Gr.·. El.·., rue du Faubourg-Saint-Martin, 51.

CHAUVIN, Maître Serrurier, M.·., rue Transnonain, 3.

CHIQUANT, Négociant, K.·. D.·., rue du Faubourg-Saint-Denis, 19.

* Cottenet, Notaire, M.·., rue Saint-Honoré, 337.

* Coulmain, ex-Officier de cavalerie, Légionnaire, M.·., rue du Faubourg-Saint-Martin, 65.

Coupan, Maître Cordonnier, K.·. D.·., rue Neuve-des-Petits-Champs, 5.

D.

* Dardelle, Marchand Boucher, M.·., rue Montmartre, 169.

De Beaurepaire, F.·., Homme de lettres, Off.·. du G.·.-O.·., 33e.·. rue Neuve-Saint-Martin, 32.

(1) De Branville (le Pescheur) aîné, F.·., ex-Officier de Marine, Off.·. du G.·.-O.·., 33e.·., boulevard des Gobelins, 16.

De Branville jeune, F.·. ex-Officier de génie, Légionnaire, Off.·. du G.·.-O.·., 33e.·. boulevard des Gobelins, 16.

De Buras, F.·., Instituteur, K.·. D.·., rue du Four-Saint-Honoré, 37.

* Delahaye, Avoué, A.·., rue Thibautodé, 8.

* Delannoy, F.·., Rentier, K.·. D.·. rue d'Enghien, 24.

* Delettre, F.·., Vérificateur, K.·. D.·., rue du Faubourg-Saint-Martin, 13.

* Derepas, Opticien, M.·., Palais-Royal, 23.

* Dufresne, Marchand Tailleur, M.·., rue de Richelieu, 4.

Dulac, Employé, K.·. D.·., rue du Mont-Blanc, 7.

* Dutois, Marchand de draps, M.·., rue Saint-Honoré, 67.

E.

* Etiévant, Maître Bottier, K.·. D.·., rue des Filles-Saint-Thomas, 17.

F.

* Féno, Maître Couvreur, R.·. ✻, rue Geoffroi-Langevin, 10.

* Férino, Marchand Poêlier, K.·. D.·., rue de Paradis, faubourg Saint-Denis, 34.

Frault, Employé, K.·. D.·., rue Bourbon-Villeneuve, 47.

G.

* Garellon ....., M.·., rue du Cadran, 20.

* Gaunaud, Entrepreneur, R.·. ✻, marché Saint-Jean, 10.

Gehert, Marchand, R.·. ✻, rue Saint-Martin, 163.

* Geoffroi, Entrepreneur de bâtimens, A.·., rue Sainte-Croix, Chaussée-d'Antin, 12.

* Germain, Marchand de draps, A.·., rue des Bourdonnais, 21.

* Gide, Horloger, R.·. ✻, rue des Petits-Pères, 16.

Gié, Menuisier, R.·. ✻, rue des Ménestriers-Saint-Martin, 3.

* Girault, Employé à la Guerre, R.·. ✻, rue Dauphine, 41.

Grangeret, Homme de loi, R.·. ✻, rue des Francs-Bourgeois, au Marais, 10.

* Grémion, Traiteur, M.·., rue Saint-Honoré, 333.

* Gueniard, Marchand de vins en gros, A.·., rue de Provence, 11.

* Guignèlet, Employé à la Cour des comptes, M.·., rue des Marmouzets, 1.

H.

Hesse, Employé, 31e.·., rue de Bourbon, 43.

* Hinoult, F.·., Marchand Tailleur, K.·. D.·., rue de Richelieu, 60.

* Hubout, F.·., Huissier, Légionnaire, K.·. D.·., rue des Bourdonnais, 14.

I.

* Ingrand, Marchand de soieries, M.·., rue des Bourdonnais, 13.

L.

* Labourret, Entrepreneur de bâtimens, R.·. ✻, rue Montholon, 28.

Landry, F.·., Instituteur, Off.·. du G.·.-O.·. et de l'Université, 33e.·., rue de la Cerisaie, 2.

Lasne, F.·., Entrepreneur, K.·. D.·., rue des Carmes, 34.

* Lavanchy, Négociant, A.·., rue des Deux-Portes-Saint-Sauveur, 30.

* Leblanc, Négociant, A.·., rue du Jour, 19.

* Lecat, Marchand de draps, A.·., rue Neuve-des-Bons-Enfans, 27.

* Leclerc, Plombier, M.·., rue de la Poterie-Saint-Jean, 1.

* Lefèvre, F.·., Propriétaire, R.·. ✻, rue de Bretagne, 60.

* Leroy, Toiseur-Vérificateur, M.·., rue des Roziers, 5.

Liesse, Employé, K.·. D.·., rue Jean-Pain-Mollet, 33.

M.

Magniant, Marchand Chapelier, K.·. D.·., rue Saint-Honoré, 211.

* Malliez, Commis-Voyageur, K.·. D.·., rue du Marché-Saint-Honoré, 14.

* Moller, Bibliothécaire, M.·., rue de l'Arbre-Sec, 21.

* Monnier, Toiseur-Vérificateur, M.·., Cloître-Saint-Jacques-l'Hôpital, 1.

* Montigaud, Propriétaire, K.·. D.·., rue de la Feuillade, 3.

* Mouligni, Entrepreneur, K.·. D.·., rue Grange-aux-Belles, 22.

* Müller, Maître Bottier, M.·., passage du Panorama, 5.

* Murat, Peintre en bâtimens, M.·., rue Saint-Victor, 149.

N.

* Nolen, Greffier au Tribunal de commerce, M.·., rue de Braque, 10.

O.

* OSTERMANN, Élève en droit, M.·., rue Neuve-de-Seine, 89.

P.

PAQUEREAU, F.·., Propriétaire, K.·. D.·., rue des Colonnes, 13.

* PAQUIN, Employé, A.·., rue d'Angivilliers, 6.

* PELLETIER, Maître Couvreur, K.·. D.·., rue Saint-Antoine, 33.

* PELLETIER, Épicier, K.·. D.·., rue Neuve-des-Petits-Champs, 14.

PERAT, Entrepreneur de bâtimens, K.·. D.·., rue Percée-Saint-Paul, 8.

POMMIER, F.·., Propriétaire, Off.·. du G.·.-O.·., 33e.·., quai Bourbon, île Saint-Louis, 35.

* POMMIER, Maître Couvreur, R.·. ✻, rue des Écouffes, 27.

* PUJOL, Maître Tailleur, K.·. D.·., rue Vivienne, 7.

R.

Raveau, F.·., Architecte, Off.·. du G.·.-O.·., 33e.·., rue de Bourbon, 43.

* **Raveau** jeune, Élève en architecture, M.·., rue de Bourbon, 43.

* **Renoux**, Maître Menuisier, R.·. ✱, rue Joubert, 33.

Rimbault père, Marchand de papiers, R.·. ✱, rue Neuve-des-Petits-Champs, 29.

* **Rimbault** fils jeune, Marchand de papiers, M.·., rue Neuve-des-Petits-Champs, 29.

* **Rimbault** fils aîné, Marchand de papiers, M.·., rue Montesquieu, 6.

* **Rivière**, Toiseur-Vérificateur, M.·., rue Chapon, 21.

* **Roger**, Marchand de draps, Ch.·. d'Or.·., rue des Deux-Écus, 17.

* **Rousseau**, Entrepreneur de bâtimens, K.·. D.·., rue du Colysée, 7 *bis*.

* **Roussiôre**, Maître Menuisier, M.·., rue Sainte-Avoie, 21.

* **Rovira**, F.·., Rentier, K.·. D.·., rue de Verneuil, 41.

* **Rulland**, F.·., Maître Charpentier, K.·. D.·., rue Folie-Méricourt, 8.

S.

SAUGNIER, Peintre sur velours, Légionnaire, M.·., rue Saint-Denis, 374.

* SAVARD, Officier de bouche de Madame Douairière d'Orléans, A.·., rue de Verneuil, 41.

* SIMON, Marchand de tableaux, R.·. ✱, rue du Gros-Chenet, 5.

T.

* TATOU, Entrepreneur de bâtimens, M.·., rue des Fossés-Saint-Bernard, 23.

* TAVEAU, Commissaire-Priseur, M.·., rue Sainte-Croix-de-la-Bretonnerie, 46.

* THIERRY-CHARIER, F.·., Maître Couvreur; K.·. D.·., rue de Sorbonne, 12.

* THOMAS, Marchand de vins, M.·., rue Traversière-SaintHonoré, 23.

* TRIANON, Marchand de draps, M.·., rue Saint-Honoré, 16.

* TRUCHELER, Instituteur, R.·. ✱, rue de Monsieur, 9.

V.

* VIELLAJEUSE, ex-Officier, Légionnaire, M∴, rue de Richelieu, 55.

W.

* WEISS, Propriétaire, A∴, rue Taitbout, 14.

MEMBRES ACTIFS COTISANS

DU CONS∴ DES GR∴ EL∴ CHEV∴ K∴ D∴ S∴

HUGUET, Employé, K∴ D∴, à la Monnaie.

JOURNAULT, Vérificateur de bâtimens, K∴ D∴, rue Dauphine, n°. 35.

RAMON, Professeur de langues, Off∴ du G∴-O∴, 33e∴, rue des Francs-Bourgeois, n°. 18.

RICHARD DE LA HAUTIÈRE, Off∴ du G∴-O∴, K∴ D∴, rue du Faubourg Montmartre, 15.

TOUCHE, Négociant, Off∴ du G∴-O∴, 33e∴, rue des Jeûneurs, n°. 4.

Plus, les Membres actifs cotisans dans la L.·. et le Chap.·., dénommés dans le Tableau précédent, et qui sont les FF.·.

Aze, Berthier, Chiquant, De Beaurepaire, Deburas, Delannoy, Delettre, Dulac, Etievant, Férino, Hesse, Hubout, Huguet, Landry, Lasne, De Branville aîné, De Branville jeune, Liesse, Montigaud, Mouligni, Paquereau, Pelletier, Épicier; Pelletier, Maître Couvreur; Pommier, Off.·. du G.·.-O.·.; Pujol, Raveau, Rousseau, Rovira, Rulland, Thierry-Charier.

MEMBRES FONDATEURS-HONORAIRES

DE LA L.·. ARÉOPAGISTE D'ISIS,

Ayant voix délibérative dans toutes les Cham.·.

DUSOUCHET (DEGABRIAC), Off.·. du G.·.-O.·., Grand Inspecteur-général, 33e.·., Contrôleur de la dette publique, rue des Fossés-M.-le-Prince, n°. 5.

HINOULT, dénommé dans la liste générale des Membres actifs cotisans de la L.·. et du Chap.·.

RAMON, ci-dessus dénommé, comme membre actif, cotisant du Cons.·. du K.·. D.·.

TARD, K.·. D.·., Imprimeur, Palais-Royal, galerie de pierres, 44.

Membres affiliés, libres et résidans.

* CAILINOT, ex-Officier de marine, rue Taitbout, n°. 14.

* DÉJEAN, Etudiant, à l'Institut des aveugles.

* DOUÉ, Rentier, R.·. ✻, rue du Faubourg-du-Roule, 24.

* MOLLET, R.·. ✻, Epicier, rue de Grenelle-St.-Germain, 1.

PLANE, Gr.·. Insp.·.-Gén.·. 33e.·., Professeur de harpe, rue du Mont-Blanc, 16.

* SAUVÉ, Maître Maçon, M.·., rue du Four-Saint-Germain, 69.

Membres affiliés libres, correspondans.

* BOUVET, R.·. ✻, Notaire à Chartres.

* BOUVET-MEZIÈRES, R.·. ✻, Avoué à Chartres.
* BORDIER, R.·. ✻, Notaire à Chartres.
* BOURGEOIS, R.·. ✻, Avoué à Chartres.
* BOIVIN, Cultivateur, A.·., à Étampes.
* HUICQ, Instituteur, M.·., à Strasbourg.
* SORET, Subrécargue, M.·., rue Neuve-des-Bons-Enfans.
* GUILLAUME, R.·. ✻, Farinier, rue Neuve-des-Bons-Enfans.
* JULIEN, R.·. ✻, Employé, rue Neuve-des-Bons-Enfans.
* DUNAND, Officier de marine, R.·. ✻, rue Neuve-des-Bons-Enfans.
* BOISGARD, R.·. ✻, Négociant, à l'Ile-de-France.
* COLLETS-GODARD, M.·., Négociant à Reims.
* JANGOT, R.·. ✻, Négociant à Lyon.

Membres affiliés libres, Enfans de la L.·. du Chap.·. ou du Cons.·., et composant la section de l'harmonie.

Attrapart, K.·. D.·., Cor de l'Opéra-Buffa, rue de la Lune, 26, Directeur.
* Butteux, rue du Faubourg-du-Temple, 24.
* Fougas, rue du Faubourg-Saint-Denis, 52.
* Fouquet, rue du Colombier, 14.
* Moudrux, rue d'Enghien, 4.
* Pechinier, Faubourg Montmartre, 25.
* Plater, rue Pagevin, 12.
* Prunier, rue Sainte-Barbe, 18.
* Michu, rue Vivienne, 7.
* Roussot, rue Mondétour, 14.
* Klett, rue de l'Université, 14.
* Vinil, rue de Louvois, 10.
* Boni, rue Martel, 2.
* Raoux, rue Serpente, 11.

Tableau des R R.·. L L.·. affiliées à celle D'ISIS, *suivant l'ordre de leur affiliation.*

La R.·. L.·. DES LIENS DE LA PARFAITE-AMITIÉ, O.·. de Paris.

Député, le T.·. C.·. F.·., N.

La R.·. L.·. DE LA FRANCHISE, OR.·. de Chartres.

Député, le F.·. LANDRY.

La R.·. L.·. DES NEUF-SOEURS, O.·. de Toul.

Député, le T.·. C.·. F.·. DE BRANVILLE jeune.

La R.·. L.·. DU PARFAIT-SILENCE, O.·. de Lyon.

Député, le T.·. C.·. F.·. DULAC.

La R.·. L.·. DU PHÉNIX, O.·. de Paris.

Député, le T.·. C.·. F.·. DEBURAS.

Pour le Chap.·., le T.·. C.·. F.·. Chev.·. POMMIER, Off. du G.·.-O.·., 33e.·.

Et pour le Cons.·., le T.·. C.·. F.·. Chev.·. RAVEAU, Off.·. du G.·.-O.·., 33e.·.

Servant de la L.·. Aréopagiste.

Le F.·. PION, M.·., Boulevard Montmartre, 1.

www.ingramcontent.com/pod-product-compliance
Lightning Source LLC
Chambersburg PA
CBHW060803280326
41934CB00010B/2537
9782019535186